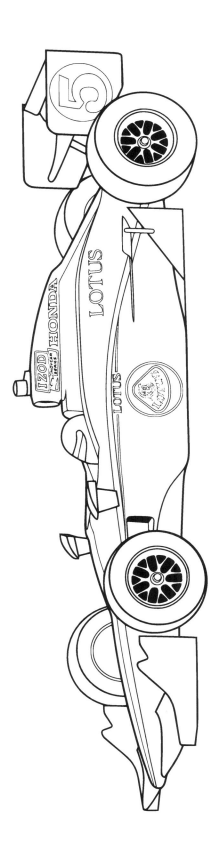

2010

Aston Martin AMR1

2011

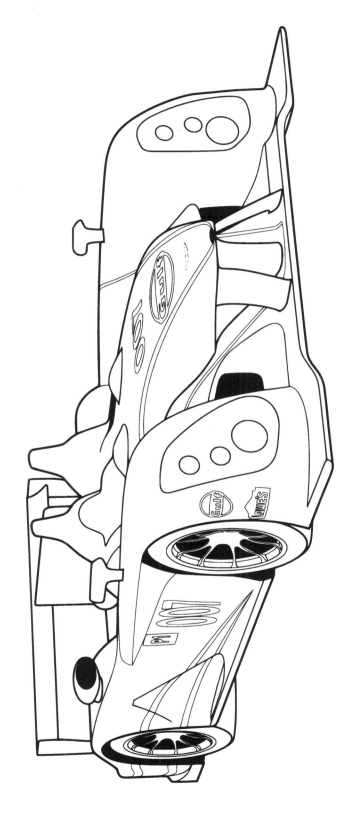

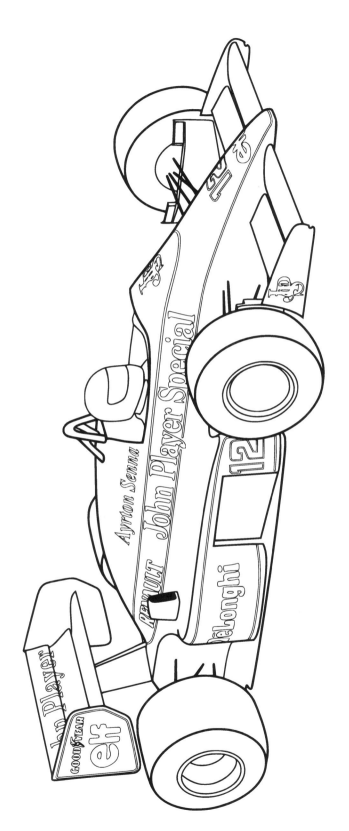

LOTUS 97T

1985

Nissan R91CK

1991

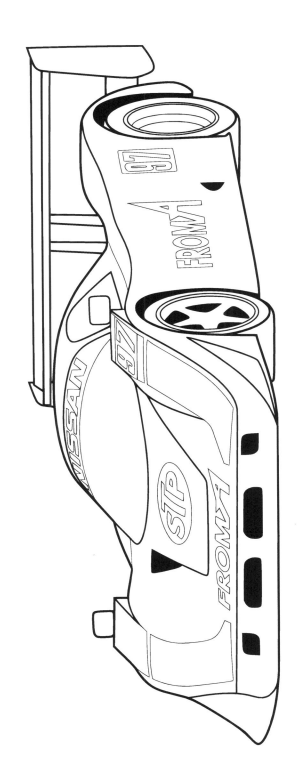

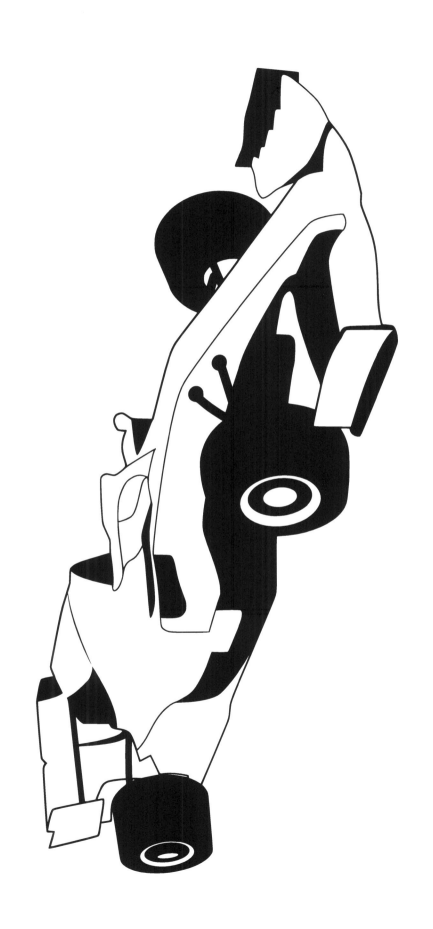

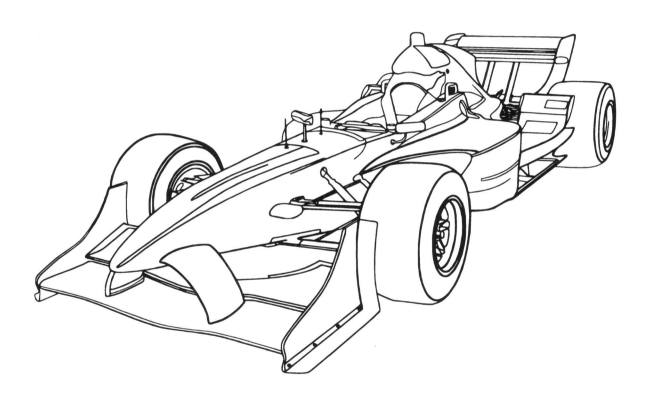

Arrows A4

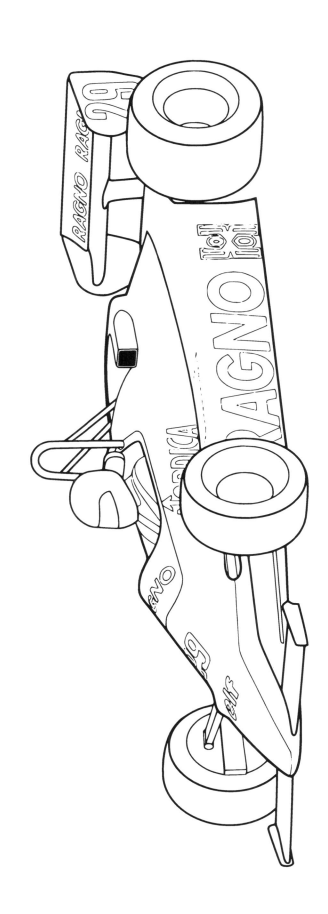

1982

Ginetta Zytek GZ09S

2009

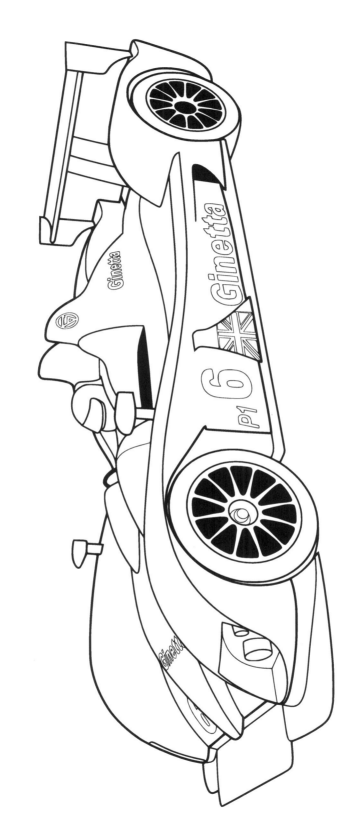

Bentley Speed 8

2001

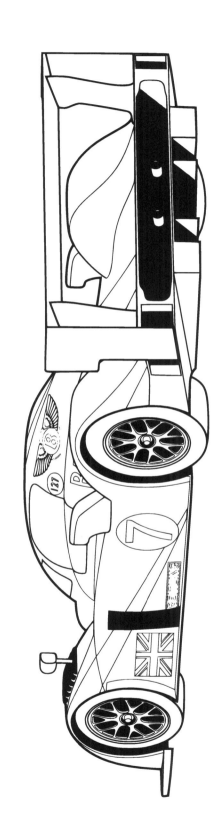

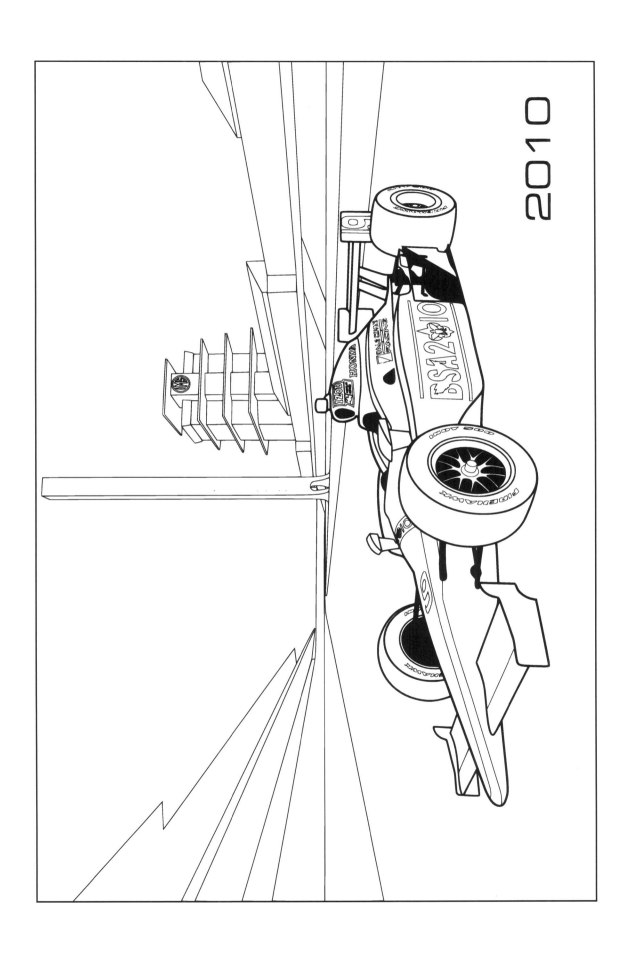

Brabham BT44

1975

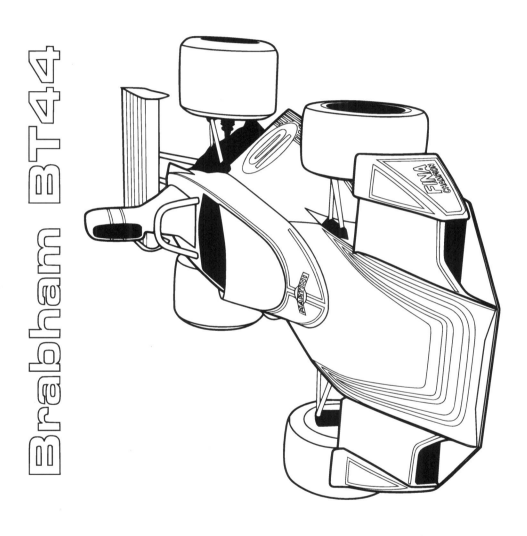

Arrows A4

1982

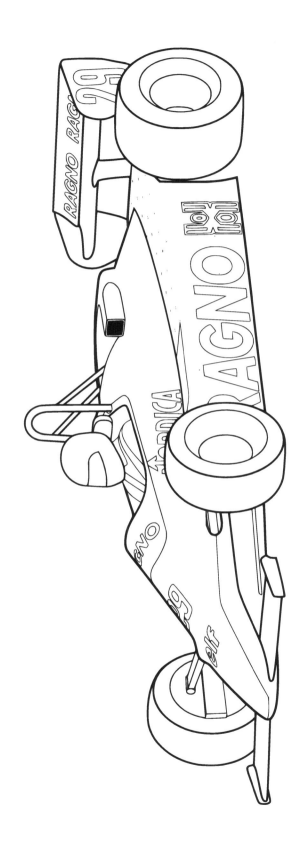

PORSCHE

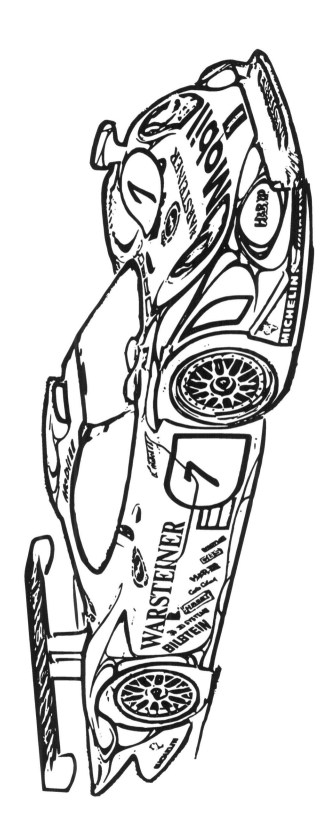

911 GT1

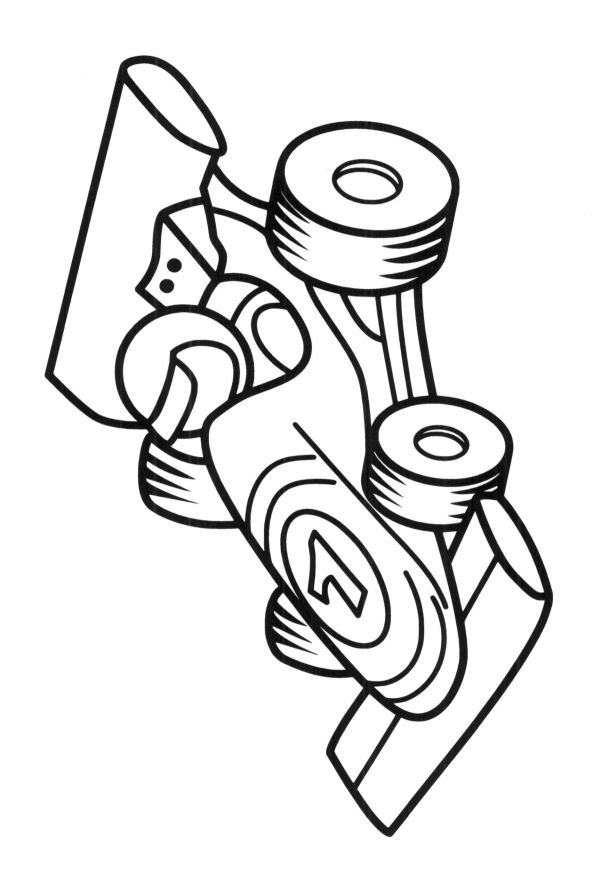

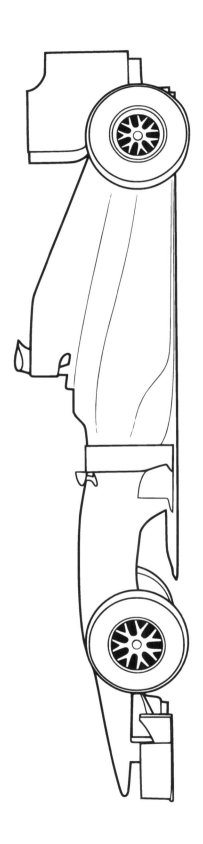

Made in the USA
Middletown, DE
25 March 2024

52041528R00029